KB274830

상처받은 사람을 위한 기도

용혜원 목사

매 일 기 도 문

상처받은
사람을 위한

기도

책만드는집

들어가는 말

급변하는 오늘의 삶 속에서
상처받고 고통당하는 사람들이 많습니다.
실패에서 오는 고통, 절망에서 오는 고통,
인간관계에서 오는 고통,
이러한 고통에서 벗어날 수 있는 길은
마음을 새롭게 하는 것입니다.
기도는 우리의 마음을 변화시켜줍니다.
이곳에 상처받은 사람을 위한 기도의 쉼터가 있습니다.
잠시 쉬며 함께 기도드리고 싶습니다.

용혜원

차례 상처받은 사람을 위한 기도

아침의 시작

아침에 상쾌하게 일어나면
하루가 즐거워집니다

아침을 웃음으로 시작하면
하루가 행복해집니다

아침을 산뜻하게 시작하면
하루가 신바람이 납니다

아침을 기쁨으로 시작하면
하루가 건강해집니다

아침을 새롭게 시작하면
하루가 의미 있게 지나갑니다

아침을 기도로 시작하면
하루가 여유롭습니다

고통이 마음에 스며들 때

고통이 마음에 스며들 때
쉴 곳을 찾고 싶어지는데
어느 곳에서 안정을 얻을까요?

언젠가는 시들어버릴 삶
아무리 고결하게 살아도
아무 소용이 없을 것만 같아
내 마음이 자꾸만 흔들립니다

세월이 흐른 뒤에도
아무 부끄럼 없이
후회 없이 과거를 돌이킬 수 있다면
고통이 마음에 스며들어도
고독에 빠져 수많은 생각으로
힘들게 살아가기보다는
고독을 있는 그대로 느끼며 살아가고 싶습니다

이런 습관을 갖기를

남의 잘못을 용서하고 이해하는
습관을 갖기를 원합니다

남을 미워하기보다 사랑하는
습관을 갖기를 원합니다

자신의 허물을 남의 탓으로 돌리지 않는
습관을 갖기를 원합니다

게으름 피우지 않고 부지런한 삶을 살아가는
습관을 갖기를 원합니다

어떤 경우에도 약속을 꼭 지키는
습관을 갖기를 원합니다

남을 비난하기보다는 칭찬해주는
습관을 갖기를 원합니다

항상 삶을 긍정적으로 기뻐하며 살아가는
습관을 갖기를 원합니다

어느 곳입니까?

어느 곳입니까?
아무런 근심 없이 살 수 있는 곳은

우리의 마음이 가난해지면
이 세상은 어느 곳이나 행복한 곳입니다

어느 곳입니까?
아무런 걱정 없이 살 수 있는 곳은

우리가 마음을 열면
이 세상은 어느 곳이나 사랑이 가득한 곳입니다

어느 곳입니까?
아무런 욕심 없이 살 수 있는 곳은

우리가 사랑을 베풀면
이 세상은 어느 곳이나 평안한 곳입니다

어느 곳입니까?
아무런 아픔 없이 살 수 있는 곳은

우리가 서로를 도우면
이 세상은 어느 곳이나 따뜻한 곳입니다

깊은 갈망 속에서 헤맬 때

삶의 답답함을 풀기 위해
많은 것을 찾아보았지만
별다른 변화가 일어나지 않았습니다

마음만 더욱 불안해지고
극심한 외로움에 빠져듭니다

행복은 늘 가까이 있는데
너무 멀리서 찾았습니다

깊은 갈망 속에서 헤맬 때
내 마음을 다스려주사
갈팡질팡하지 않게 하시고
마음의 평행선을 유지하게 하소서

내 영혼의 깊은 갈망 속에서
주님을 만나게 하소서

예수그리스도를 통해
삶의 참된 의미와 소속감을 체험하게 하소서

순수한 믿음 속에서
기쁨을 찾아 나누게 하소서
내 마음속의 희망을 버리지 않게 하시고
주님의 인도하심에 따르게 하사
행복을 이루어가는 기쁨을 누리게 하소서

난관에 부딪혔을 때

절박함에 가슴이 아프고
눈앞엔 아무것도 보이지 않습니다
모든 것을 다 포기하고 싶을 때
주님께로 나아가 기도하게 하소서

홀로 견디기 힘들어 주저앉고만 싶고
괴로운 마음에 울고만 싶어집니다
고통과 맞부딪히면
그동안 누려왔던 행복을
다 잃어버릴 것만 같습니다
두려움이 쌓일 때
더 민감해져 신경이 날카로워지는
불안한 마음에서 벗어나게 하소서

한계 상황에 도달한 듯
남아 있던 힘도 다 빠져나간 듯
고통에서 벗어날 수 없을 것만 같을 때에도

주님을 바라보며 희망을 갖게 하소서

어려울 때일수록
현실을 더 적극적으로 받아들이고
혈관 속을 흐르는 삶의 의지를 나타내게 하소서

때때로 찾아오는 난관을
어떤 상황이 오더라도 피하지 않고
믿음으로 견디고 이겨내게 하소서

절망과 좌절 속에서
흘린 눈물 때문에
삶이 더 고귀해지고 애착이 갑니다
주님이 주신 삶을
더욱 사랑하며 살아가게 하소서

주여 나의 잘못을 용서하소서

주여 나의 잘못을 용서하소서
내가 이름을 기억하는 사람들과
내가 이름을 기억하지 못하는 사람들과
내가 생각하지도 못한 사람들에게
저지른 죄와 잘못이 있으면 회개하오니
모두 다 용서하소서

내가 선하다고 행하고 있는 것 중에서
착각하고 있는 것, 잘못되고 삐뚤어진 것을
모두 다 용서하소서

내가 행하고 있는 모든 일 중에서
어리석게 생각하는 것과
거짓되고 잘못된 일이 있으면
모두 다 용서하소서

주여 나의 잘못을 용서하소서

내가 살아오면서 저지른 죄악 중에서
사람에게만 용서를 구하고
주님에게 용서를 구하지 못한 것이 있으면
낱낱이 아시는 주님께서 용서하소서

주여 나의 잘못을 깨닫게 해주사 회개하게 하소서
다시금 똑같은 죄악에 빠지는
어리석은 행동을 하지 않게 하소서

주님께서 나의 심사를 지켜주사
주님의 거룩한 성품을 닮아가게 하소서

거만한 사람들

교만이 하늘 끝까지 솟아올라
자신의 잘못이
얼마나 많은 사람을 아프게 하는지 모르는
어리석은 사람이 있습니다

죄를 죄로 여기지 않고
남을 용서하지도 않습니다

거만한 사람들
그들의 마음의 강퍅함에
실망이 가득할 때가 많습니다

주님께서 이들의 마음을 움직여주사
사랑의 진실과 겸손을 알게 하소서

늘 거만하고 오만하고 자만심이 가득해
위선으로 가득 찬 사람들을

긍휼히 여겨주시기를 원합니다

다른 사람의 사랑조차 받아들이지 않으려 하고
감사하는 마음도 없고 고집만 부리고
사랑하기를 거부하는 사람들입니다

벼랑 끝에 몰려도
도움의 손길을 뿌리치는 사람들
결국엔 주위 사람들까지 아프게 합니다

주님께서 이들의 마음에 정한 마음을 주사
따스함 속에 숨 쉬는 삶을 살게 하소서

자살하려는 사람들

오, 주님!
삶에 절망의 어둠이 얼마나 짙으면
벼랑 끝에 서려고 하겠습니까?

아무도 의지할 수 없고
주위의 모든 것이 힘없이 쓰러져 갈 때
견딜 수 없어 몸부림치는 마음이 어떨까요?

눈에 보이는 것들은 모두 막막하기만 하고
모든 현실이 고통스럽기만 한
자살하려는 사람의 마음을
어루만져 주시기를 원합니다

비상구도 없는 절박한 상황에서
벗어날 수 있는 길을 찾을 수 있도록
누군가 도와주어야 합니다

사랑이 떠나갔을 때,
믿었던 사람에게 배신을 당했을 때,
피와 땀과 눈물로 이루어놓은 것이
한순간에 무너져 내렸을 때,
소중한 것을 잃어버렸을 때,
가슴 서늘한 외면을 당했을 때
느껴지는 허탈감은
삶을 포기하게 만듭니다

삶이 온통 헤어날 수 없는 비극으로 느껴져
자살하려는 사람에게
새로운 삶을 살아갈 수 있는
힘과 용기를 주시기를 원합니다
지난 것은 다 떨쳐버리고
내일을 바라보며 소망을 갖게 하소서

목마르신 주님

우리를 구원하시기 위해
심한 갈증으로 목마르신 주님이십니다

우리의 죄와 결점과 그릇됨을
끝없이 용서해주시고
주님의 사랑으로 감싸주십니다

주님은 우리를 향한
한없는 사랑의 절정을
목마름으로 표현하셨습니다

주님은 영혼의 샘물이 되사
우리의 영혼에 생수를 터뜨려주셨습니다

주님은 길을 잃어버린
영혼들을 찾을 때까지
주님이 원하시는 모든 사람이

구원을 받을 때까지
모든 능력을 동원하십니다

우리의 목마른 영혼을 적셔주시는
주님은
우리가 구원받기를 간절히 바라시기에
늘 목마르십니다

나에게 죄악이 있으면

나에게 죄악이 있으면
마음속 쓴 뿌리가 나를 괴롭힙니다
한목숨 지탱할 수조차 없도록
늘 쫓아다니며 괴롭히는
죄악의 고통에서 벗어나게 하소서

나에게 죄악이 있으면
그 죄 하나하나가 내게 되돌아와
나를 숨막히게 하나니
절망의 고통에서 벗어나게 하소서

나의 모든 죄를 회개하게 하사
시련의 파도가 잠잠하게 하소서

너무 오랫동안 아픔을 겪어
기쁨을 잃어버렸던 날들을
다시 회복시켜주시기를 원합니다

터질 듯 부풀어 오른 시련의 날을
빠르게 지나가게 하시어
주님의 사랑 속에서 살게 하소서

나에게 죄악이 있으면
사악한 것들이 나를 조롱하려고 하오니
눈물로 모든 죄를 고백하게 하소서
죄악의 고통에서 벗어나
구겨진 마음을 펴게 하시고
주님의 은혜 안에 있게 하소서

나에게 죄악이 있으면
주님을 가까이 만날 수 없으니
내 마음을 열게 하시고 회개하게 하사
가까이에서 주님을 만나게 하소서

사는 일이 부끄럽지 않게 하소서

살아간다는 것이 부끄럽지 않게 하소서
아무리 거센 바람이 휘몰아쳐 와도
모두 견디며 헤쳐나가게 하소서

실패해서 쓰러지고 넘어져
좌절하는 일이 있더라도
어리석은 행동을 하지 않게 하소서

슬픔이 밀려와
그 아픔에 소리 지르고 싶고
몸부림치고 싶을 때에도
잘 참아내게 하소서

고통이 다가와
절망이 엉키고 뭉쳐서
풀어도 풀어도 풀 수 없을 것 같아
까마득해지는 순간에도 잘 견디게 하소서

시련이 닥쳐와
원망스런 마음이 가득 차올라도
잘 이겨내고 견디게 하소서

실패로 온몸이 천근만근 무거워지고
가슴이 찢어질 듯 아파
현실을 외면하고 싶고
이겨낼 용기가 나지 않을 때에도
일어서서 모든 것을 그대로
받아들이는 용기를 갖게 하소서

소리 없이 다가오는
유혹과 어둠의 손길에서 벗어나게 하소서
돌아본 삶이 언제나
주님의 은혜 속에 있었음을 깨닫게 하소서

무기력에 빠질 때

허탈감에 빠져 허우적거리니
온몸의 힘이 모두 빠져나가
마음의 바닥이 훤히 들여다보입니다

그렇게 밝고 확실하게 보였던
모든 가능성이 안개 걷히듯
모두 사라져버려
눈동자조차 움직일 힘도 없습니다

모든 것이 귀찮아지고
모든 것이 싫어집니다

무엇 하나 곰곰이 생각하고 싶지 않습니다
무엇 하나 제대로 생각나지도 않습니다
내 몸 하나 지탱하기가 거추장스럽고 힘이 듭니다
하고 싶은 것이 없습니다
아무것도 할 수 없는 무기력에 빠져 있습니다

오, 주님!
나를 붙잡아주소서
이 무기력에서 벗어나게 하소서
이 절망에서 구원해주소서

마음이 혼란스러울 때

고통이 내 마음에 느껴질 때
내 삶이 텅 비어버린 것만 같아 허무해집니다
시련이 내 온몸을 감싸고
절망이 나를 삼키려 할 때
주님께서 나를 인도해주소서

나만 아프다는 생각에
모든 것을 포기하고 싶어지고
마음이 메말라갈 때
속이 답답하고 힘들 때마다
이런 내 마음을 다스려주시기를 원합니다

고통이 마음의 능선을 타고 오르며
절망의 비탈길을 걸을 때
홀로 짐을 지고 끙끙 앓다가
지쳐 쓰러지지 않게 해주소서

나의 모든 삶을 주님께 맡기게 하소서
이기심과 아집에 빠져
스스로 고통의 올무에 걸려들지 않게 하소서

어찌해야 좋을지 모르는 극심한 혼란 속에서도
주님을 찾아 만나게 하시고
주님의 이름을 부르게 하시고
주님을 온전히 따르게 하소서

가장 어려운 순간에도
두 손 모아 기도하게 하시고
내 마음을 다해 기도함으로
주님의 인도하심을 받게 하소서

거짓 사랑이 다가올 때

오, 주님!
이 땅에는 거짓 사랑이 너무나 많습니다
사람들이 마음이 허전해
누군가에게 다가가면 갈수록
거짓으로 위장한 모습만 드러납니다

사랑은 깊어지면 깊어질수록
진실을 원합니다
진실이 아닌 모든 것은 거짓이며
거짓은 상처를 만들어냅니다

외로움에서 잠시 벗어나기 위해
사랑을 찾는다면
차라리 홀로 견디는 것이 좋을 것입니다

거짓된 마음은 아무리 꼭 붙잡으려 해도
멀리 달아나 버리고

갈 곳을 몰라 방황하며
결국엔 아무것도 남지 않습니다

오, 주님!
살아오면서 쌓아놓은 많은 것을
살아오면서 이루어놓은 행복을
한순간에 다 잃어버리기 전에
거짓 사랑을 버려야 합니다
차갑고 냉정할지 모르지만
다 잘라내게 해주소서

유혹이 다가올 때

오, 주님!
유혹이 아주 그럴듯한 모습으로 다가와도
벗어날 수 있는 의지와 지혜를 주소서

온갖 간사한 유혹이 손짓할 때
흔들리지 않는 믿음을 주소서

겁 없이 덤벼들고 싶고
마음이 끌려 모든 것을 다 주고 싶어도
수렁 속에 빠지는 일임을 알면서도 뛰어드는
어리석은 죄를 범하지 않게 하소서

걷잡을 수 없는 욕망의 폭풍우 속을
헤치고 나올 수 있는 용기를 주소서

변화 없이 잔잔히 흐르는 것보다
요동치면 뭔가 다를 것 같지만

욕망의 찌꺼기가 남는 것은 죄악입니다
그 허무의 늪에 빠진다면
얼마나 비참하고 괴롭겠습니까?

거짓된 웃음으로 포장된 유혹에 사로잡힐 때
차분히 마음을 가라앉히고
주님을 바라보게 하소서

유혹에 흔들리고 망설이는 시간이 줄어들게 하소서
더 깊은 상처를 받기 전에 돌아서게 하소서
마음을 정결하게 하사
주님의 인도하심을 받게 하소서

나에게 맡겨주신 사명을 감당하게 하소서

혼자서는 삶의 의미를 찾을 수 없으니
주님께서 인도해주사
내 삶의 의미를 찾게 하소서

나에게 주신 삶의 열정을 다 쏟아내게 하시고
살얼음판을 걷듯이 위태로울 때에도
견고한 믿음으로 이겨내며
날마다 후회 없는 삶을 살아가게 하소서

작은 일에 분노하기보다는
나의 마음이 주님 안에 머물게 해주사
작은 일에서도 의미를 찾게 하소서

삶이 난관에 부딪혔을 때
허망한 마음을 정리하지 못해
안타까워하지 않게 하소서
마음의 안정을 얻기 위해

주님의 인도하심을 받기 위해 기도하게 하소서

나의 삶이 믿음의 행진에서 벗어나지 않게 하시고
주님이 원하시는 방향으로 나아가게 하소서
오직 성령의 인도하심을 받게 하소서
삶의 모퉁이를 돌아갈 때마다 기도함으로
주님을 만나는 영적인 교류가 있게 하소서

나의 삶이 무의미하고 아무런 가치가 없다면
남는 것은 허무뿐이니
삶의 의미를 찾아
나에게 맡겨주신 사명을 감당하며 살게 하소서

두려움이 가득해질 때

오, 주님!
누군가 나의 허물을 지적하고
나의 잘못을 다 말할 것만 같아 두렵습니다

나도 다른 사람의 잘못을 말하고 난 후
그 사람이 받을 상처가 걱정되어서
침묵하고만 있습니다

주위를 살피고
하고 싶은 말을 하지 못하고
참고 있습니다
변화를 두려워하고 있습니다

모든 것을 다 나의 탓으로
돌리는 것만 같습니다
시작도 하지 못하면서 끝을 걱정하는
어리석음에 빠져 들고 있습니다

나 자신을 의심하고
누군가가 지켜보고 있다는 생각에 두리번거립니다
거리낌 없이 당당하게 나설 수가 없습니다

무시당하고 있는 것 같아
주위를 의식합니다
모든 것이 내 잘못으로 여겨집니다

두려움이 가득해질 때
나의 모든 삶을 주님께 맡기게 하소서
참평안을 주시는
주님의 손길을 삶에서 느끼게 하소서

이웃을 사랑하게 하소서

이웃을 사랑하게 하소서
이웃 사랑이
사랑을 실천하는 시작이오니
진실하고 선한 마음으로 사랑하게 하소서

이웃을 사랑할 수 있는 마음과
이웃을 사랑할 수 있는 시간을 주소서
슬픔과 고통과 아픔을
함께 받아들여 나누게 하소서

참을 수 없는 고통에 시달리는 이웃에게
사랑의 손길을 내밀게 하소서
우리의 마음이 모나지 않게 하시고
따뜻하고 다정한 손길로 다가가게 하소서

우리 곁에 이웃이 있음을 감사하게 하소서
이해관계로 얽혀서 사는 것이 아니라

서로 사랑을 나누며 살게 하소서
이웃의 소중함을 깨달아
이웃 사랑을 실천하게 하소서

작은 사랑을 아낌없이 나누어
큰 사랑으로 만들어가게 하소서
서로가 서로에게 친절을 베풀고 도와
주님이 보시기에 아름다운
사랑의 공동체를 만들어가게 하소서

이 각박하고 사랑이 식어가는 세상에서
이웃과의 간격을 한 걸음씩 좁혀가게 하사
서로 사랑함으로 살 만한 세상을 만들어가게 하소서

마음을 안정시켜주소서

오, 주님!
어두워진 밤거리를 힘없이
걸어가는 사람들이 있습니다
눈동자는 초점을 잃고
갖고 있던 희망이 다 사라져버려
실의와 실망이 가득합니다

슬픔과 고통이 뒤죽박죽되어
어떻게 처신해야 할지 모르고 있습니다
한 가닥 희망을 걸고 있었던 것마저 다 무너져 내려
버틸 수 있는 힘조차 소진되고 말았습니다

실망한 사람들을
다시 일어서게 하소서
모든 것을 다 잃어버려 헐벗은 삶 속에서도
따뜻한 보금자리를 만들어가게 하소서

오, 주님!
지쳐 쓰러진 저들도
아름다운 영혼을 가진 사람들입니다
누구에게나 사랑을 주시는 주님께서
저들의 구원이 되어주소서
저들을 다시 일으켜주소서

연약한 영혼들을 붙들어 주사
절망을 딛고 일어서게 하소서
혼란스러운 저들의 마음을 안정시켜주소서

실망한 사람들의 마음속에서
어둠을 몰아내시고
주님의 생명의 빛으로 가득하게 하소서
주님을 통해 상처가 치유되게 하사
삶을 더 힘차게
살아갈 수 있는 용기와 믿음을 주소서

사랑이 성숙하게 하소서

우리가 대화를 나눌 때
상대방의 말을 귀담아듣게 하소서
서로의 마음을 헤아려주며
슬픔이 있다면 나누게 하소서

교만을 앞세운 주장을 하지 않게 하시고
친밀함으로 가까워지게 하소서
우리의 분노가 일방적인 공격이 되어
상대방의 마음에 상처를 입히지 않게 하소서

우리가 서로 부정적인 감정으로
비난을 일삼거나 불신하거나
헐뜯지 않게 하소서
심한 갈등 속에서 격한 감정을
함부로 표현하지 않게 하소서

우리가 대화를 나눌 때

아무 생각 없이 멍한 눈으로
상대방을 바라보지 말게 하시고
서로의 눈빛을 진실하게 바라보게 하소서
마음과 마음이 오고 감을 느끼게 하소서

우리가 상한 감정 그대로 마음을 닫아놓으면
결국 터져 나오게 되오니
서로가 서로에게 관심을 갖고 마음을 어루만지게 하사
말로만 전할 수 없는 사랑을 전하게 하소서

우리가 대화를 나눌 때
서로의 마음을 진실하게 나누게 하소서
대화 속에서 사랑이 더욱 성숙하게 하소서

기억력을 회복시켜주소서

오, 주님!
아차 하는 순간 또 실수했습니다
분명히 손에 들고 있었는데
그동안 무슨 다른 생각을 했는지
잃어버리고 말았습니다

얼마 전까지 외우고 있었던 전화번호가
갑자기 생각이 안 나
헤매고 있습니다

분명히 순간이라 생각했는데
내려야 할 정류장을 놓쳐버리고
손에 들고 있었던 우산이
집에 돌아오면 없습니다

반복되는 실수로 인해
얼굴색이 변하고 스스로에게 받은 상처가

온몸을 칭칭 감고 돕니다

그동안 저지른 실수로 인해
불안감이 자꾸만 쌓여가고
또다시 반복될까 두려워집니다
일을 시작하기도 전에
긴장을 하고 확인에 확인을 거듭합니다

무언가를 잊어버린다는 것은
서글픈 일입니다
무언가를 생각하지 못한다는 것은
고통스러운 일입니다
자신의 일부를 잃어버리고 사는 것 같은
아픔이 따릅니다
자신도 모르게 잃어버리고 잊는 것은
마음에 자꾸 어둠의 그림자를 짙게 드리웁니다

오, 주님!
내 마음을 붙잡아 주사 기억력을 회복시켜주시고
건망증으로 인한 괴로움에서 벗어나게 하소서

배고픈 아이들에게 사랑의 손길을

오, 주님!
날마다 높아만 가는
고층 빌딩 숲 사이로
늘어선 쇼윈도엔 온갖 상품이
화려하게 진열되어 있습니다

추운 겨울이 다가와
찬바람이 불고 있는데
버려진 아이들이 있습니다
굶주린 아이들이 있습니다

수많은 차가 질주하는 오늘
수많은 가게에 헤아릴 수 없을 정도로
온갖 물건이 쌓여가고 있는데
하루에 한 끼도 제대로 못 먹고
굶주린 배를 움켜쥐는 아이들이 있습니다

그대로 가난을 물려받아 살아가고 있습니다
한 서리고 눈물 젖은 모습으로 살아가는 사람들이
이 땅 곳곳에 살고 있습니다

사랑이 필요한 배고픈 아이들의
마음의 상처가 아물 수 있도록
우리가 서로 돌보고
아낌없는 사랑을 나누며 살아야 합니다

꿈이 가득해야 할 아이들
맑은 눈빛에 웃음이 가득해야 할 아이들이
배고파서 울고 있습니다
이 아이들이 누구입니까?
이 나라, 이 민족, 우리의 아이들입니다

오, 주님!
우리가 사랑의 손길을 모아

따뜻한 사랑을 베푼다면

배고픈 우리 아이들의 얼굴에 웃음꽃이 피고

이 겨울도 따뜻할 것입니다

상한 마음을 어루만져 주소서

오, 주님!
계층과 계층 사이에
보이지 않는 갈등이 점점 더 심해지고
아픔이 더해지고 있습니다

가진 자와 가지지 못한 자의
보이지 않는 싸움의 현장을 숨죽이고 지켜보면
가지지 못한 자는 아무런 저항을 할 수 없는 사람들입니다

아무 이유 없이 당하기만 하는 고통은
살아갈 의욕을 잃게 합니다
모든 신경이 예민해집니다
더 잃을 것도 없는 힘없는 자의 슬픔이
강이 되어 그들의 가슴에 흐릅니다

두 주먹을 불끈 쥐어보아도
도저히 상대할 수가 없습니다

아무리 애를 써도 당해낼 재간이 없을 때
무력함이 안타까울 뿐입니다

힘없이 당하는 아픔은
사는 이유를 잊게 합니다

울어도 울어도
그 설움을 다 풀 수 없기에
속울음으로 심장을 가득 채웁니다

주여!
이들을 불쌍히 여겨주셔서
살아갈 작은 희망을 심어주소서
주님께서 이들의 편이 되어주시고
상한 마음을 어루만져 주소서

삶이 막막할 때

확실한 것이 아무것도 없습니다
시간의 흐름을 견뎌내기가 힘들어
애를 써보아도 손에 잡히는 것이 없습니다

사람들 틈에서
두리번거려보아도
기다려야 할 것은 아무것도 없습니다

내일에 대한 확신이 없고
까맣게 뭉쳐버린 가슴은
숨쉬기조차 힘이 듭니다

젊음은 녹슬고 기대했던 모든 것이
다 사라져버렸습니다
시련을 떨쳐버리고 살려고 발버둥칠수록
생각하지도 않았던 고통이
종양처럼 달라붙습니다

온몸에 힘이 다 빠져나가
몸부림치면 칠수록
더 깊은 수렁 속으로 빠져듭니다
삶 깊숙이 숨어 있는 어둠의 끝이
어딘가 알고 싶습니다
벗어날 수 있도록
용기와 지혜를 허락해주소서

마음이 방황할 때

오, 주님!
나의 마음이 방황하고 있습니다

행복했던 순간마저
다 잃어버린 듯이
공허한 마음만 남아 있습니다

침울해지고 약해진 마음 때문에
이제는 내가 무엇을 원하고 있는지
이제는 내가 무엇을 해야 하는지
방향을 잡을 수가 없습니다

다 포기하고 싶어지고
사람들과 만나기가 싫어져
단절하고 지냈으면 하는 마음이 생깁니다

성취하고 싶은 목표가 하나도 없고

점점 더 의욕이 없어집니다
또다시 실패할 것만 같은 두려움에
새로운 시도도 하지 못하고 있습니다

오, 주님!
나의 방황을 멈추어주소서
마음에 안정을 주사
가야 할 길을 바로 가게 하소서

무심히 스쳐 가는 사람들을 볼 때

오, 주님!
다른 이의 집을
자기 집보다 더 깨끗하게
날마다 청소합니다

온종일 쓸고 닦다 보면
선인장 가시로 찌르는 듯
온몸의 뼈마디가 쑤셔오고
허리가 끊어질 듯 아파와
한숨이 고층 아파트 꼭대기를 훌쩍 넘어갑니다

누구는 이 넓고 좋은 아파트에서
번듯하게 잘살고 있는데
자신은 왜 움츠리며
초라하게 사는 걸까 눈물이 핑 돌아
가슴을 적실 때가 많습니다

일자리가 생겼다고 연락이 왔을 때
이젠 살길이 열렸다고 좋아했는데
고층 아파트를 힘겹게 오르내리며 쓸고 닦다 보면
한숨이 절로 나옵니다

아파트에서 흘러나오는 웃음소리를 듣다 보면
쓸쓸한 고독이 계단의 숫자보다 많은 주름살을
마음에 그어놓습니다

평생 번 돈을 다 모아도
이런 집에서 살 수 없는데
도대체 어떻게 벌어 이런 집에서 살까
알 수 없는 세상살이에
자꾸만 물음표가 떠오릅니다

청소하는 아줌마를 바라보면서도
수고한다는 말 한마디 없이

무심히 스쳐 가는 사람들을 보면
냉정하고 차가운 삶이 더 슬퍼집니다

걱정을 쌓아놓지 않게 하소서

우리의 삶은 고난의 연속이오니
힘든 일에 부딪힐 때마다
주님의 사랑을 깨닫게 하소서

찢어진 상처마다
피고름이 흘러내려도
그 아픔에 원망하거나 비난하지 않게 하소서

어떤 순간에도
잘 견디고 이겨낼 수 있는
믿음을 갖게 해주시기를 원합니다

헛된 욕망과 욕심에 빠져
쓸데없는 것에 집착하지 않게 하소서

고통당할 때 도리어
믿음이 성숙하는 계기가 되도록

강함과 담대함을 주소서

불안한 마음으로부터 벗어나게 하소서
불만 가득한 마음으로부터 벗어나게 하소서

아무런 가치 없는 일로 인해
걱정을 쌓아놓지 않게 하소서
걱정을 구실 삼아
믿음에서 멀어지지 않게 하소서

있지도 않은 일로 인해
근심을 쌓아놓지 않게 하소서
하지 않아도 될 걱정 때문에
스스로를 괴롭히지 않게 하소서

어려울 때일수록
자신에게만 빠져 있지 않게 하시고

주변을 돌아보며
주님을 바라보게 하소서

일부러 근심 걱정을 만드는 삶이 아니라
주님 안에서 기쁨을 만들어가는 삶을 살게 하소서

옳고 곧고 바르게 살게 하소서

삐뚤어지고 삐딱한 마음으로
반항하고 싶을 때에도
옳고 곧고 바르게 살게 하소서

무겁게 짓누르는 갈등 속에서
흔들리지 않게 하시고
모든 것이 제자리를 잃지 않게 하소서

나의 생각과 나의 행동을
항상 주님께서 주관하심을 깨닫게 하사
주님의 관심 안에서 살게 하소서

어긋나면 어긋날수록
그 속에서 상처를 입는 것은 나뿐이니
내 마음이 무뎌지지 않게 하소서

내 마음을 값싸게 흥정하거나

쉽게 변하지 말게 하시고
주님의 부르심과 인도하심을 따르게 하소서

어쩔 수 없다는 핑계를 일삼지 말게 하시고
늘 정결한 마음으로 살게 하소서

일하는 즐거움으로 땀방울 흠뻑 적시며
곧고 바르게 살아 조금 부족하더라도
언제 어디서나 어깨를 펴고 당당히 살게 하소서

한순간의 편리와 안락을 위해
영원한 주님의 사랑을 외면하지 않게 하시고
늘 정결한 마음으로
옳고 곧고 바르게 살게 하소서

주님께 나아가게 하소서

주님께 나아갈 수 있도록
유혹의 문을 닫아버리게 하소서

주님께 나아갈 수 있도록
닫혔던 내 마음을 활짝 열게 하소서

주님께 나아갈 수 있도록
모든 허물과 죄를
회개의 눈물로 씻어 보내게 하소서

주님께 나아갈 수 있도록
구원의 손길을 붙잡게 하소서

주님께 나아갈 수 있도록
넘을 수 없는 선을 넘지 않게 하시고
가질 수 없는 것을 욕심내지 않게 하소서

주님께 나아갈 수 있도록
주님의 은혜를 입게 하소서

주님께 나아갈 수 있도록
세상의 모든 헛된 꿈을 버리고
가슴 저리는 슬픔에서 벗어나
삶 속에서 기쁨을 느끼며 살게 하소서

주님께 나아갈 수 있도록
주님의 사랑에 깊이 빠지게 하소서

주님 안에서 평화롭게 살게 하소서

자신의 이익만을 위해
쓸데없는 고집을 부리다가
마음에 상처를 남기거나
불만이 가득한 표정으로 살지 않게 하소서

늘 한결같은 마음으로
착하고 선한 마음으로
주 안에서 평화롭게 살게 하소서

날마다 고민에 짓눌려 괴로워하며
결단을 못 내리고 주저하다가
기회를 다 놓쳐버리고 안타까워하는
어리석음에 빠지지 않게 하소서
우리에게 다가오는 어둠을
빛으로 환히 밝힐 수 있게 하소서

살얼음판을 걷는 위태로운 삶일지라도

죄를 씻고 일어나게 하시고
시간에 끌려다니지 말게 하시고
마음의 구석구석까지 정결하게 해주사
주님의 보살핌을 받게 하소서

죄악에 빠지지 않게 하시고
삶의 뱃길에 힘차게 노를 저어나가게 하소서
마음 깊은 곳에서부터
주님을 사모하며 행복한 얼굴로 살게 하소서

흘러가는 세월 속에서
참된 결실로 알곡이 가득 차게 하소서
주님이 주시는 참평안을 누리며 살게 하소서

오늘의 삶을 의미 있게 살게 하소서

오늘의 삶을 의미 있게 살게 하소서
오랜 기억 속에 남아 있어도 좋을
아름다운 풍경으로 남게 하소서

생각하기 싫고 기억하기도 싫어
들춰내고 싶지 않은
죄가 많은 오늘이 아니라
주님의 은혜 속에서 사는 오늘이게 하소서

어떤 괴로움이 다가와도 초조함 속에
피하지 말게 하시고
어떤 유혹에도 흔들리지 않고
믿음으로 이겨내게 하소서

건강한 삶을 살아감으로
삶의 굴곡을 잘 헤쳐나가게 해주시고
주님의 사랑을

가장 귀한 행복으로 받아들이며 살게 하소서

오늘의 삶을 행복하게 살게 하소서
주님이 주신 은혜를 마음껏 누리며 살 수 있는
마음의 여유를 주소서

비난을 받을 때

오, 주님!
우리의 허약하고 취약한 점을 찾아내어
수많은 손가락질과 눈짓이
화살이 되어 쏟아집니다

훔쳐보고 지켜보고
조작된 일들이
뒷말이 되어 소문이 나고
입과 입을 통해 번져나가
조롱거리가 되고 있습니다

입속에서만 씹히던
조잡한 말들이 입 밖으로 나와
선한 마음에 상처를 주고 있습니다

잘못된 생각과 판단이
오해를 불러일으켜

본래의 의미가
변질되고 있습니다

아무 잘못 없는 사람을 무너뜨리기 위해
말도 안 되는 이야기로
남의 허물을 들춰내고 있습니다

비난에서 벗어나게 하소서
변명하기보다 있는 그대로의 모습을 보여주고
고난이 찾아올 때마다
주님의 십자가의 고통을 기억하며 살게 하소서

죄책감에 사로잡힐 때

오, 주님!
죄는 시도 때도 없이
우리의 마음을 물들이려고
호시탐탐 기회를 엿보고 있습니다

호기심과 유혹에 쉽게 넘어가
하나하나 죄가 드러날 때
죄책감에 사로잡힙니다

죄의 상처가 두려워지고
누군가에게 모두 다 들켜버릴 것만 같아
불안과 초조감이 밀려옵니다

죄의 달콤함을 즐기고
죄를 더욱 숨기려 했던
미련함이 그대로 드러나고 있습니다

죄의 깊은 상처가
나를 괴롭히고 절망의 늪으로 몰아가
자꾸만 회피하고 싶고
불안해 벗어나고 싶습니다

죄악으로 인한 강박관념에 사로잡혀
후회만 더욱 깊어지고 있습니다
모두 다 고개를 돌리고 외면할 것만 같습니다
비난에 둘러싸여 있습니다
이 절망의 수렁에서 구원해주소서

참담한 기분이 들 때

오, 주님!
어떻게 이런 일이 일어날 수 있습니까?
어둠과 죄악에 물들어
부모 자식 간에, 부부간에
어떻게 이렇게 서로를 해칠 수 있습니까?

심장이 뛰고 온몸에 식은땀이 흐릅니다
이 살벌하기만 한 세상
서로서로 사랑으로 감싸주어도 부족하기만 한데
철천지원수에게 복수하듯이
짐승보다 더 잔인하게
가족과 형제와 자식을 해칠 수 있습니까?
사람들을 가위눌리게 하는 끔찍한 일입니다
비극이며 가슴 아프고 참담한 일입니다

이 참담한 일이 우리의 일이 아니라
뉴스일 뿐이다, 생각하며 외면하고 있습니다

내 일만 아니면 된다는 생각이 만연해져서
모두들 무관심 속에 살아가고 있습니다

주여! 저들을 불쌍히 여겨주소서
주여! 저들을 긍휼히 여겨주소서

이 비극의 시대를
우리 스스로가 만들어가고 있습니다
사랑이 메말라가고 있습니다
주여! 우리를 용서해주소서

갈등이 생길 때

엇갈린 생각과 행동 속에서
서로 부딪치고
마음의 상처가 깊어집니다

껄끄러운 시선이 만나
갈등의 불꽃이 튀고
생각은 초월에 초월을 거듭해
머릿속을 가득 메웁니다

혼자 당하고 있다는 생각에
마음을 열어주지 않는 분함에
있는 힘을 다해
소리를 지르고 있습니다

끊으려고 애를 써도 끊을 수 없는
인간관계 속에서
떠나고 싶어도 떠나지 못합니다

머물러 있어야 하기에
아픔을 느끼고 있습니다

가장 가까이 살아가면서도
가장 멀게 느껴지는
고통의 연속이 갈등입니다

이 갈등의 숲에서 벗어나게 하소서
절망까지 감싸 안을 수 있는
사랑을 주소서

숨어버리고 싶을 때

오, 주님!
도저히 용기가 나질 않습니다
원하는 것을 관철해나갈 힘이 없습니다
남 앞에 서면 마음이 떨리고 불안해서
자신감이 없어집니다
제대로 숨도 쉴 수가 없고
자꾸 식은땀만 흘리게 됩니다

아무 잘못도 없는데
마치 큰 죄를 진 것만 같아
주눅이 들어 숨어버리고 싶어집니다
이 어리석은 행동으로 소중한 꿈을
놓치지 않게 하소서

하고자 하는 일을 하지 못하면
몸이 무겁고 의욕도 없어서 짜증만 나고
모든 것에서 벗어나고만 싶어집니다

오, 주님!
나의 미래를 강한 믿음으로
개척해나가게 하소서
누군가가 손가락질하는 것만 같아서
마음속에는 걱정과 근심이 가득합니다

혼자 발버둥치고 무언가를 해보려고 해도
별 소용이 없을 것 같습니다
아무리 노력해도 원하는 것이
이루어지지 않을 것처럼 불안해질 때에도
믿음으로 기도하고 이겨내게 하소서

긴장 속에 내뱉는 모든 말은
불평과 비난으로 가득합니다
우리의 삶은 믿음으로 이루어가는 것이니
강한 믿음과 의지로
자신 없어하는 마음에서 벗어나게 해주소서

삶을 새롭게 변화시켜나가게 하시고
끈기와 인내심을 가지고
주님께 영광을 돌리는 삶을 살게 하소서

마음을 열어놓으면

마음을 닫아놓으면
나는 점점 더 작고 초라해집니다
마음을 열어놓으면
모든 것을 더 넓고 크게 바라볼 수 있습니다

마음을 닫아놓으면
작고 사소한 일까지 신경을 쓰게 되고
초라한 모습으로 변합니다
마음을 열어놓으면
용서하고 이해하며 사랑을 나누게 되고
변화되어가는 자신을 느낄 수 있습니다

마음을 닫아놓으면
신경질이 나고 짜증만 늘어나게 됩니다
마음을 열어놓으면
기쁨이 넘치고 행복이 찾아옵니다

삶 속에서 기쁨을 만들어내게 하소서

우리에게 주어진 삶을 성실하게 살게 하시고
늘 준비하는 마음을 갖게 하소서
참된 삶을 살기 위해 힘쓰며
꾸준히 목적한 바를 이루어나가게 하소서

삶을 복잡하게 살기보다는
단순한 것 같지만 꼼꼼하게
할 일을 다함으로 뒤처지지 않게 하소서
모든 일에 치밀한 계획을 세우고
철저한 노력을 하며
깊은 통찰력을 가지고 순서와 절차에 따라
열정을 쏟아 이루게 하소서

모든 선택에 신중을 기하게 하시고
삶의 방향을 바르게 찾게 하소서
날마다 기도와 말씀으로
믿음이 충만하게 하시고

능력 있는 그리스도인의 삶을 살게 하소서

주님이 원하시는 삶의 목표에
초점을 맞추게 하시고
강한 믿음으로 구하며 응답을 받아
삶에서 주님의 인도하심을 체험하게 하소서

믿음으로 도전하게 하시고
오직 노력으로 이루어가게 하소서
삶에서 허락해주시는 믿음의 감동으로
늘 진실하게 살게 하소서

남에게 의존하지 않게 하시고
스스로 삶을 성실하게 살게 하사
삶 속에서 가슴을 울리는
기쁨을 만들어내게 하소서

절망이 가득할 때

오, 주님!
지나온 세월 동안
쌓아놓았던 모든 것이
한순간에 다 무너져 내립니다

아무도 돌아보지 않습니다
아무도 바라볼 수가 없습니다
모두 다 떠나고 있습니다

가슴이 저려오고
삶의 의지가 약해져
버티기가 힘이 듭니다

절벽에서 떨어진 듯 정신이 없고
막다른 골목을
홀로 헤매고 있는 것 같습니다

기대를 걸었던 모든 것이
줄줄이 쓰러져 버리고
겨우 잡은 것조차 놓쳐버린 듯
남은 것은 허탈감뿐입니다
모든 것을 다 포기하고 싶어집니다

가슴마저 차가워지고 있습니다
일어설 힘이 없습니다
눈앞에 뿌옇게 안개가 끼어 있습니다
주위의 시선이 더 눈물 나게 만듭니다

슬픔을 이겨내고
기쁨을 찾고 싶습니다
들판에 피어나는 꽃처럼
내 마음에 주님의 은혜가
향기를 발하게 하소서

욕심이 가득해질 때

비워야 채워지는 것을 모르고
넘치는 욕심에 무작정 달려들지 말게 하소서
가지면 가질수록 허망함만 가득해지는 것을
깨닫게 하시고
가득 채우는 미련함에 빠지지 않게 하소서

나누어야 부족함이 없으니
넘치는 욕심에 기를 쓰고
움켜쥐려고 하지 않게 하소서

홀가분한 마음으로
주거니 받거니 하며 살아야 더 편한 것을
불편하게 포장하고 과장하며
위선으로만 살려고 하지 않게 하소서

사랑을 나누고 베풀어주는
마음의 가난이 더 풍성한 것을

채우려는 욕심만 커져서
채울 수 없는 부족함을 느끼지 말게 하시고
자족하는 마음을 갖게 하소서

욕심이 마음을 흔들어놓고
사랑을 변하게 만들어
서로에게 상처를 입히니
욕심에서 벗어나
사랑과 나눔의 삶을 살게 하소서

삶에 한숨이 가득할 때

삶의 의욕을 상실해
고뇌에 찬 뇌 주름 깊은 곳에서
내쉬는 숨이 고통스럽습니다
입 밖으로 새어 나오는 것은 한숨뿐
즐거움이 사라져버렸습니다

가슴 아프게 다가오는
수많은 고통과 아픔이
뼈를 깎아 내리는 절망과 함께
허무하게 내던져져 있습니다

꽃도 다 못 피우고 꺾어진
쓰디쓴 가슴의 상처를 어쩌지 못하고
저려오는 고통을 어쩌지 못해서
허탈감에 한숨만 내뱉습니다

온전한 것이 하나도 없어 보이고

다시 찾아온 바다도 잿빛으로 보입니다
모든 삶이 어둠 속으로 빠져 들고 있습니다

마음의 좁은 공간으로 파고드는 괴로움에
온몸에 소름이 돋고
아픔과 함께 한숨만 나옵니다
어느 것 하나 쉬운 것이 없고
말로 표현할 수 없는 고통만 남아 있습니다

삶에 한숨이 가득할 때
기도할 수 있는 힘을 주시기를 원합니다
지치고 힘이 들 때
의지할 분은 오직 주님뿐입니다

지갑이 두둑할 때

호주머니 속 지갑에
돈이 두둑이 들어 있으면
마음이 든든하고 여유롭습니다

왠지 어깨에 힘이 들어가고
좁았던 가슴이 넓어진 것만 같습니다
사람이 이럴 수가 있을까 싶지만
어쩔 수 없나 봅니다

호주머니 속 지갑이 두둑해지면
세상을 다 제 손에 넣은 듯이
전혀 달라지는 사람들도 많습니다

가난했을 때 순수하고 착했던 사람도
돈이 많아지면
말도 행동도 취미도 다 달라집니다
고상한 척 마치 딴 세상을 사는 것만 같습니다

주여!

우리의 마음을 가난하게 하소서

내가 부유할 때 가난해지는 사람들이 많음을

깨닫게 하소서

무관심으로 아파할 때

내 주변에 아무도 없습니다
사람들의 시선이 떠나고 웃음이 떠나고
따뜻한 말 한마디 건네는
사람조차 없습니다

불안이 가득하고
모두 다 날 우습게 여기는 것만 같아
마음이 우울해집니다

내가 왜 이렇게까지 되었는지
깨닫게 해주시기를 원합니다
무능해서인지 실수 때문인지 알아서
적절히 대처해나가게 하소서

고민에 빠져 절망하기보다
당당하게 헤쳐나가게 하소서
나의 실수 때문이라면

절망에 빠져 홀로 울기보다는
하나하나 고쳐나가게 하소서
스스로 책임을 져야 한다면
떳떳하게 책임을 감당하게 하소서

주님께서 도와주셔서
무관심의 덫에서 빠져나오게 하소서
무관심을 탓하며 모든 것을 포기하기보다는
어떤 순간에도 주님이 함께하심을 믿고
포기하지 않고 굳건히 일어서게 하소서
모든 것을 이겨낸 후에
환한 웃음으로 기뻐하며 감사드리게 하소서

주님을 체험하며 살게 하소서

오, 주여!
우리가 살아가는 동안에
주님의 시선을 느끼게 하소서
주님의 손길을 느끼게 하소서
주님의 마음을 읽게 하소서
주님의 발길과 동행하게 하소서

오, 주여!
우리가 살아가는 동안에
우리의 입술로 죄를 고백하고
우리의 입술로 구원을 확신하고
우리의 입술로 주님의 말씀을 전함으로
우리의 삶 속에서
주님을 체험하며 살게 하소서

고독한 마음이 가득할 때

고독한 마음이 가득할 때
겟세마네 동산에서
십자가의 고통과
극한 외로움에 시달리던 주님을
묵상하게 하소서

고독한 마음이 가득할 때
주님을 기억하며
기도하게 하소서

노숙자를 바라보며

오, 주님!
얼굴에 피곤이 가득하고 깡마른
노숙자 한 사람이
흔들리며 쫓기며 살아온 세월을 내동댕이치고
공중 화장실 곁 모퉁이에서
잔뜩 움츠린 채로
새우잠을 자고 있습니다

휴식을 주는 달콤한 잠자리인데
몸 하나 기댈 곳 없는 삶은
눈 한 번 제대로 붙이지 못하는
불편한 잠에 빠뜨려놓고 있습니다

얼마나 삶의 능선이 가파르면
그 능선을 타고 오르다
전쟁터에서 총탄에 맞아 죽은
패잔병처럼 쓰러져 있겠습니까?

늘 부딪히고 깨지며 사는 세상은
내가 느끼고 있는 것보다
더 고통스럽고 슬프다는 것을 압니다

세상의 매서운 바람에 휩쓸려
절망과 고통에 찌들어버린
노숙자를 바라보며
태연히 지나쳐 걸어온 나는
잠시 스쳐 지나가는 마음만 괴로웠습니다

뇌성마비 아이를 바라보며

오, 주님!
일어서지도 못하고
항상 누워 있어야 하는
뇌성마비 아이를 바라봅니다

늘 슬픈 표정으로
날 바라보는 것 같아
웃으며 볼을 만져주었습니다

뇌성마비 아이가
손가락에 힘을 주며
가만히 아무 말 없이 웃습니다

깊은 상처로 가슴 아픈
아이의 마음속을 다 볼 수는 없었지만
아이의 고통을 느낄 수 있었습니다

나의 눈에도 눈물이 핑 돌고
나의 마음에도 파도치듯
동요가 일어났습니다

오, 주님!
저 아이의 마음을 사랑으로 보듬어주소서

악한 사람들을 위해

오, 주님!
악한 사람들은
남을 가만히 놔두지 않습니다
다른 사람의 소중한 행복을
뒤집고 엎어버리고 나야
직성이 풀리는 모양입니다

악한 사람들은 온갖 나쁜 것을 불러들여
질서를 파괴하고 인권을 유린하고
자신들의 이익만을 추구합니다

목숨을 걸고 도박을 하고
혼수상태에 빠지도록 마약을 하고
혀가 말리도록 술을 마시고
욕망에 기름을 퍼붓고 불 지르고
끊임없이 삶의 탈출구를 찾고 있습니다

악한 사람들은
그들 스스로 올가미에 걸려들어
타락의 길로 걸어 들어가고 있습니다

이들에게 선한 양심을 찾게 하소서
이들이 선한 양심으로 살게 하소서
악에서 돌이켜 회개하고
참된 기쁨의 삶을 깨닫고 누리게 하소서

어려운 사람들을 위한 기도

오, 주여!
어두운 골목에는
그 어둠만큼이나
삶이 어려운 사람들이 살아갑니다

복잡한 골목에는
그 복잡함만큼이나
삶이 복잡한 사람들이 살아갑니다

막다른 골목에는
그 막막함만큼이나
삶이 힘겨운 사람들이 살아갑니다

우리 마음의 골목에서
주님을 만나게 하소서
골목 안 사람들의 마음을 헤아려주소서
저들의 삶을 인도해주소서

고요한 묵상

늘 바라고 계산하고
떠들어대기를 좋아하던
내 마음에서 벗어나
주님의 음성을 듣고자
온 마음을 다해
아무런 소리 없이 묵상합니다

늘 조용히
우리 곁에 다가오시는 주님
고요한 묵상에 빠져 들어
주님을 깊이 만나게 하소서

이 세상을 돌보아 주소서

어찌 보면 다 잘못된 것 같습니다
남이 들을까 두려워 귓속말로 해야 할 이야기가
스포츠 신문에 크게 실리는 시대입니다

모두 드러내고 무엇을 하자는 것입니까?
남의 치부를 다 끄집어내 무엇을 하자는 것입니까?

음란하고 퇴폐적인 일들이 뭐 그리도 대단한 일이라고
떠들썩한지 모르겠습니다

할 것 못 할 것 분간도 못하고
다 한다고 좋은 세상입니까?
은근히 부추기고 있는 것은 아닙니까?

하루 종일 음란과 퇴폐가 가득한
기사와 사진들이 거리마다 넘쳐나니
눈이 붉게 충혈되는 사람들이 무엇을 생각하고 있겠습니까?

순진하게 살아가던 사람들도 호기심을 갖고
세상 물정 모르는 순진한 아이들까지
은근히 흥미를 갖게 되니
온 나라에 퇴폐 문화가 점점 자리를 잡는 듯합니다

온갖 잘못된 일이 은밀하게 이루어지고 있는데
이 일을 어떻게 해야 합니까?
이 속에서 제대로 살아가는 사람들이 신기합니다
이 세상을 돌보아 주소서

노인들을 위한 기도 1

희망의 끈을 놓치고
외롭게 살아간다는 것은
참으로 슬픈 일입니다

오늘을 살아내기 위해
가진 것 없이 연명하기 위해
한 푼이라도 벌기 위해 폐지를 줍는
노인들의 삶은 온통 눈물뿐입니다

거리로 내쫓기고 갈 곳이 없는 노인들
각박한 세상을 향해
소리쳐 보아도 아무런 메아리가 없습니다

지나간 세월에는 불사를 청춘도 있었고
꿈도 자식도 있었지만
모든 것을 잃고 나니
살기 위한, 버티기 위한

몸부림과 발버둥이 시작되었습니다

남아 있는 것은 목숨 줄 하나
빈 껍데기만 남아 힘들게 늙어간다는 것은
참으로 슬픈 일입니다

노인들이 황혼에 잘 물들어 갈 수 있도록
마음에 평안을 주소서
이 땅에서 영원한 안식처를 가지고 살게 하소서

노인들을 위한 기도 2

오, 주님!
노인들이 나이가 들어가며
세상을 모두 다 알아버리고
모든 일에 눈치를 채버린 것입니까?
자꾸만 노인들끼리 모여
흘러간 세월 타령 신세타령만 하고 있습니다

양어깨를 부딪쳐도 힘겹지 않았던
세월도 다 흘러가 버리고
호기심도 다 사라지고 결과만 따지다가
그 자리에 풀썩 주저앉아 버리고 말았습니다

애틋함과 아련함도 사라지고
마음은 뻥 뚫리고 날마다 열정도 없이
무심한 마음으로 눈앞에 보이는 내일을
힘겹게 맞으며 살아가고 있습니다

이것을 익숙함이라고 하는 것입니까?
나이 들어가며 마음껏 숨 쉬다가
다 겪어버린 세상을 살기가
살아온 세월만큼이나 더 어려워졌습니다

오, 주님!
노인이 될수록 더 노련하고 여유 있는 마음으로
모든 것을 이겨낼 수 있도록 인도하소서
노인들이 외롭지 않도록
영혼을 불쌍히 여겨주소서

마음의 창으로 들여다보면

밤이 오면 어둠이 졸음을 몰고 와
눈꺼풀을 덮고
아침이 오면 햇살이 빛을 몰고 와
눈을 뜨게 합니다

피곤할 때는 다리에 힘이 빠지고
사랑할 때는 심장이 뛰기 시작합니다
화가 나면 가슴이 터질 것만 같습니다

고통을 느끼면 입 안에서 단내가 나고
온갖 소리를 다 뱉어내고 싶어집니다
화가 나면 온 세상을 향해
욕설을 퍼붓고 싶어집니다

행복할 때는 모든 것이 다 좋아 보이고
웃음이 터지면 배꼽까지 따라 웃습니다
감정의 변화에 따라 사람들의 표정이 달라집니다

마음의 창으로 들여다보면
참으로 신기합니다

누가 그들의 마음을 알 수 있겠습니까?
우리의 마음을 감찰하시는
주님만이 다 아실 것입니다

가족에게 관심을 갖게 하소서

가족에게 필요한 것은 사랑입니다
사랑이 없다면
타인과 다를 바가 없습니다
가족에게 관심을 갖게 하소서

말과 행동을 함부로 하거나
무심히 지나치지 말게 하시고
주의 깊게 바라보게 하소서
서로의 실수나 잘못을 들춰내거나
잔소리를 하지 않게 하시고
서로 감싸주며 돌보게 하소서

시선과 마음이 텔레비전이나 컴퓨터
신문이나 핸드폰에 고정되지 않게 하시고
가족의 도움을 귀찮아하는 마음이
생기지 않게 하소서

이해하고 감싸주며
사랑으로 섬기게 하소서

가족들과 어울리며 즐겁게 보내는 시간을
자주 갖게 하시고
사랑과 행복이 넘치게 하소서
주님의 은혜로 가득한 가정을 이루게 하소서

함께 식사하는 기쁨을 누리게 하소서

온 가족이 모여 함께 식사하는
기쁨을 누리게 하소서
가장 먼저 일용할 양식을 주신
주님께 감사의 기도를 올리게 하소서

가족을 위해
맛있는 음식을 정성껏 준비한 아내에게
건강과 기쁨을 주소서

온 가족이 둘러앉아 식사할 때
사랑과 행복을 느끼게 하소서
서로를 이해하고 격려해주는
사랑의 대화가 넘치게 하소서
식사 시간이 기다려지는
즐거운 자리가 되게 하소서

식사를 준비할 때 온 가족이 돕게 하시고

음식을 만드느라 수고한 아내의 마음을 알게 하시고
불평이나 짜증이 없게 하소서

아내가 솜씨를 발휘해서
맛있는 음식을 만들었을 때
온 가족이 기뻐하며 감사하게 하소서

주님의 은총과 아내의 사랑이 가득한 식탁에서
온 가족이 주님의 축복을 누리게 하시고
가족 간의 사랑이 더욱더 깊어지게 하소서
가족이 나눈 사랑을 이웃에게도 베풀게 하소서

가족의 마음을 건강하게 하소서

가족들의 마음을 건강하게 하소서
서로를 섬기며 봉사하게 하시고
다른 사람들에게 친절과
봉사를 아끼지 않게 하소서

가족들의 방문이 꼭꼭 닫혀 있지 않게 하시고
늘 열려 있어 대화로 서로 친밀하게 하소서
가족 간에 갈등과 불화가 생기지 않게 하시고
늘 화목하게 살게 하소서

부모와 자녀 간에 대화를 나눌 때
서로의 말에 귀를 기울여 잘 듣게 하시고
진실한 마음으로 받아들이게 하소서

가족들의 마음을 부드럽고 따뜻하게 하시고
아낌없이 주는 사랑을 통해
우리의 마음을 건강하게 하소서

가족들과 늘 화목할 때
다른 이들에게도 사랑을 전할 수 있으니
늘 마음속에서 우러나오는
진실함으로 사랑을 나누며 살게 하소서

가족들이 함께하는 순간마다
잊을 수 없는 즐거운 추억을 만들어가게 하소서

행복한 결혼 생활을 하게 하소서

우리 부부가 서로를 존경할 수 있는
겸손한 마음을 갖게 하소서
서로 사랑하며 귀하게 여기게 하시고
깊이 이해할 수 있는 아량을 갖게 하소서

부부가 서로 무시하거나 비난하지 않게 하시고
하찮은 일을 논쟁거리로 만들지 않게 하소서
작은 일에 의심을 품거나 불평을 늘어놓지 않게 하소서

무슨 일을 결정할 때에는
서로 충분히 대화를 나누게 하시고
주님께 기도함으로 응답받게 하소서
서로가 바라는 것을 들어줄 수 있는
열린 마음을 갖게 해주시고
기회가 있을 때마다 격려하고 칭찬하게 하소서

진실한 마음으로 사랑하며

서로에게 감사하는 마음을 갖게 하소서
늘 서로 도우며 서로의 마음을
감싸줄 수 있는 여유를 갖게 하소서

서로의 역할이 얼마나 소중한지 깨닫게 하시고
상대방의 말을 주의 깊게 듣게 하소서
서로의 만남을 주님께 늘 감사하게 하시고
친구처럼 다정한 부부가 되게 하소서

서로를 소중히 여기게 하시고
늘 관심을 갖고 기대하며
행복한 결혼 생활을 하게 하소서

가족의 믿음을 위한 기도

우리를 사랑해주시는 주님!
우리 가족 한 사람 한 사람마다
바른 믿음과 경건한 마음으로
주님을 따르고 바라보며 살게 하소서

이 세상의 그 무엇보다
주님과 가족의 소중함을 깨닫게 하사
늘 기도하며 말씀을 묵상함으로
믿음이 날마다 성장하게 해주소서

우리 가족들에게 때때로 어려움이 닥쳐
미로를 헤매고 있을 때에도
길을 찾고 출구를 잘 선택할 수 있는
지혜를 허락해주소서

우리 가족이 항상 신앙과 삶에
문제의식을 갖고 기도하게 해주소서

우리의 삶은 선택과 판단의 연속이오니
믿음의 길을 온전하게 선택할 수 있도록
해주시기를 원합니다

우리 가족이 어떤 믿음으로 살아가야 하는지
잘 판단할 수 있는 지혜를 주소서
우리 가족이 항상 주님을 위해
무엇을 해야 하는지 의논하게 하시고
주님께 헌신하며 살게 하소서

우리 가족이 건전하고 양식이 있는 삶을 삶으로
주변 사람들에게도 사랑을 베풀게 하소서
우리 가족이 말씀과 기도로 훈련된
믿음의 가족이 되게 하소서

서로 존중하며 살게 하소서

우리 부부가
서로 존중하는 삶을 살게 하소서
사소한 일로 흥분하거나 다투지 말게 하시고
자신의 감정에 따라 즉흥적으로
잔잔한 호수에 돌을 던져
파문을 일으키지 않게 하소서

분노로 서로의 마음에
상처를 주는 일이 없도록 하시고
서로에 대한 불신으로 고통받지 않게 하소서

부정적인 생각이 사라지게 하시고
진실한 마음으로 사랑을 나누게 하소서
낙담할 때 서로를 위로하게 하시고
서로에게 힘이 되어줄 수 있는
넓은 마음을 갖게 하소서

서로 함께할 수 있는 시간을 만들어
서로의 마음을 잘 읽어주게 하소서

서로 친밀하게 교제함으로
이 지상에서 가장 가까운 사이
사랑으로 하나가 되는
부부가 되게 하소서

하나 되게 하소서

결혼 생활 속에서
날마다 기쁨을 발견하게 하시고
그 기쁨을 마음껏 누리는 삶을 살게 하소서
결혼 생활을 통해
부부 관계가 온전해지게 하시고
자유함과 성장과 안정이 정착되게 하소서

부부가 노력을 통해
만족한 삶을 살게 하시고
쇠하지 않는 사랑의 잔잔한 감동 속에 살게 하소서
날마다 더 깊어가는 사랑으로
부부가 하나 되어
순수한 사랑의 열매를 맺게 하소서

모든 가식과 허식을 버리고
서로의 마음을 털어놓게 하사
진실하게 살게 하소서

서로 사랑하는 법을 배우게 해주사
관심을 갖게 하시고
서로가 하고 싶은 표현을
자연스럽게 할 수 있도록
기회를 잘 만들어가게 하소서

삶이 다하는 날까지
사랑의 약속을 지키며
서로 사랑하며 진실하게 살게 하소서
우리의 사랑이 지상에서
아름다운 열매를 맺을 수 있게 하소서

사랑으로 열매 맺게 하소서

사랑으로 맺어진 부부의 삶이
공허하지 않게 하소서
살아가며 뼈아픈 삶을 새기지 않게 하시고
사랑을 나누며 살게 하소서

결혼 생활이란 퍼즐을
잘 맞추어가게 하시고
서로를 이해하고
서로의 감정을 잘 받아들임으로
사랑이 더욱 아름다워지게 하소서

정겨운 대화와 따뜻한 시선은
친밀감을 만들어주니
언제나 솔직하고 겸허한 마음으로
대화를 나누게 하소서

부부가 사랑이 없으면

가정이 불행해지오니
부부 사이에 오직 사랑으로만
아름다운 열매가 풍성하게 열리게 하소서

축복 속에 사랑하며 살게 하소서

오, 주님!
오랜 세월 동안
부부가 얼굴을 맞대고 살다 보면
서로 닮아간다고 합니다

기쁠 때 함께 웃고
슬플 때 함께 슬퍼하고
희로애락의 삶을 같이하다 보면
얼굴 표정도 닮아가나 봅니다

힘든 세상 고달프게 살다가도
따뜻한 위로의 말 한마디면
모든 피로가 사라집니다

사랑의 표현 하나로
마음이 넉넉해지고 기쁨이 가득 차올라
푸근하고 따뜻한 마음이 됩니다

힘들고 어려울 때
겹겹이 다가오는 고통에 시달려도
서로 마주 바라보고
거칠어진 손을 잡아주며 토닥거리면
새록새록 드는 정이 무엇인지
서로의 가슴이 찡하도록 울립니다

오, 주님!
주님의 축복 속에 부부가 되었으니
서로 사랑하며 살게 하소서

쓸데없는 걱정이 마음에 가득할 때

걱정거리를 늘 짊어지고 살아간다는 것은
참으로 어리석고 바보 같은 일입니다
무슨 일이든지 닥칠 때마다 걱정거리를 만들고
자기도 모르는 사이에 걱정거리를 즐기고 있다면
이미 마음이 병들어
건강하지 못한 삶을 살고 있는 것입니다

두통을 만들고 심장을 조여들게 하는
모든 걱정거리를 과감하게 던져버려야 합니다
절망에 빠져 남을 탓하며 고뇌하지 말아야 합니다

어떤 형편과 처지에서도 어려움을 이겨낼 수 있을 때
행복은 하나씩 하나씩 만들어지는 것입니다
그 어떤 걱정도 우리의 마음속에
단 한 발자국도 들여놓지 못하도록 만들어야 합니다

행복한 사람의 마음은 늘 따뜻합니다

쓸데없고 아무런 가치도 없는
근심이나 걱정에서 벗어나
마음이 자유로워져야 합니다

생각의 혈관이 건강해야
삶에서 만족을 누리고
행복을 만들어갈 수 있습니다

생각이 더럽혀지면
마음과 행동도 더러워집니다
마음에 걱정을 만들기보다
행복을 만드는 습관을 가질 때
평안이 가득해지고
삶에 만족할 수 있습니다

실패로 마음에 상처만 남았을 때

바라던 일들이 모두 다 무너져 내려
실패로 마음에 상처만 남았을 때
어리석은 일을 저지르거나
아픔 속에만 빠져 들지 말고
소망이 되시는 주님을 바라보게 하소서

모든 꿈이 추락하여 곤두박질치고
모든 희망이 하루아침에 물거품이 되어버렸을 때
원망하는 마음에 미움을 쌓기보다
주님께 기도하며 새로운 변화를 만들어가게 하소서

실패가 만들어놓은
고난과 시련을 극복하고
좌절에서 과감히 벗어나
목표를 성취해나가게 하소서

멀지 않은 곳에 있는

성공을 바라보며 달려나갈 때
주님께서 인도하사
모든 두려움을 이겨내게 하소서

성공과 실패는 늘 번갈아 일어나오니
실망에 빠져 손을 놓지 않게 하시고
모든 역경과 어려움을
먼지처럼 훌훌 털어버리게 하소서

실패의 순간을 잠에서 깨어난 듯 잊게 하시고
성공의 계단을 하나씩 올라가며
날마다 성취하는 기쁨을 누리며 살게 하소서

늘 변화하게 하소서

사람들과 어울림 속에서
좀 머쓱하고 서툰 몸짓을 발견했을 때
은근슬쩍 피하기보다
노력을 기울여 머뭇거림 없이 다가가게 하소서

사람과의 만남은 너무나 소중하오니
어색함을 훌훌 떨쳐버리고
아주 자연스럽게 사귈 수 있도록 허락하소서

스스로 족쇄를 채워 갇혀 살기보다
사람들의 마음을 움직이는 힘과
사람들의 마음을 이끌어낼 수 있는
능력을 갖게 하소서

때때로 부족함과 어색함을 느끼더라도
항상 구체적이고 분명한 목표를 가지고
한 걸음씩 나아가 도전하여 성공하게 하소서

무슨 일이든지 자신의 마음에 꼭 맞게 하려
억지로 꿰어 맞추는 어리석은 생각과
행동과 실수를 범하지 않게 하소서

서투를수록 더욱 꼼꼼하고 세밀하게 대처해나감으로
늘 변화하는 자신의 모습을 바라보게 하소서

하루하루 최선을 다하며 살게 하소서

우리에게 주어진 하루하루를
최선을 다하며 살게 하소서
온갖 시름과 걱정에서 벗어나
마음을 잘 조절하여 정돈된 삶을 살게 하소서

불만의 커튼을 내려 남을 비난하며
늘 불안 속에 살지 않게 하시고
마음에 평안을 주사 즐거움 속에 살게 하소서

어떤 경우에도 자포자기하거나
어려움에서 물러나려는 어리석은 생각부터 하기보다는
즐거운 마음으로 끈기 있게 대처해나가게 하소서

우리에게 주어진 날이 참으로 소중하오니
하루하루를 성실히 살아가게 하소서
오늘 하루에 열정을 쏟으며 살아감으로 충실하게 하시고
내 삶에서 보람과 기쁨을 거두게 하소서

우리의 삶에서 나태함을 몰아내시고
근면함 속에 보람을 느끼게 하사
늘 감사하며 건강한 마음으로 살게 하소서

내 마음의 그릇에 주님의 사랑을

내 마음의 그릇에
주님의 사랑을 담게 하소서

내 마음이 어떤 그릇이든지
주님의 손길로 깨끗하게 씻어주사
늘 청결한 모습으로 살아가게 하소서

내 마음의 그릇에서
욕망과 죄악의 더러움을 덜어내사
고통스러운 삶을 살지 않게 하시고
내 마음의 그릇이 용도에 맞게
제때에 제대로 쓰일 수 있게 하소서

내 마음을 죄악이 갉아먹지 못하게 하시고
내 마음 한복판에 죄악이 물들지 않게 하소서
내 마음이 주님을 온전히 영접함으로
늘 한결같은 마음으로 믿음 안에서 살게 하소서

내 마음의 그릇 가득히
주님의 사랑을 담게 하소서
내 마음이 주님의 마음을 닮게 하시고
주님이 원하시는 삶을 살게 하소서

나의 삶 전체가 주님의 은혜이오니
내 마음속에 항상 주님을 모심을
기뻐하며 살게 하소서

죄악의 파도가 거세게 밀려올 때

죄악의 파도가 거세게 밀려올 때
난파선에 탄 듯 두려움과 무서움에
온몸을 파르르 떨면서도
유혹에 이끌려 죄악에 물들지 않게 하소서

앞뒤를 분간할 수 없는 이 절박한 순간에
외면하여 돌아서지 마시고
내 마음을 붙잡아 주사
믿음의 항구에 안전하게 정박하게 하소서

죄악의 어둠 속에서 마음이 흔들릴 때에도
정한 마음을 주사
내 마음이 바뀌지 않게 해주시고
무의미한 것들에 미련을 갖지 않게 하소서

내 마음에 주님이 함께하시고
내 마음을 주님께서 인도하소서

온갖 이유와 변명을 만들어 마음의 구석에 숨겨놓고
마음을 죄악에 빼앗기지 않게 하소서

어떤 순간에도 내 마음이 흔들리지 않게 하시고
내 마음을 더욱더 견고하게 하사
어떤 유혹도 뿌리치게 하소서
우리의 믿음을 반석 위에 세우심으로
우리가 주님을 바라보며 살아가게 하소서

서두르지 않기 위해

덤벙대고 서두르기에 실수가 많고
쓰러지는 경우가 많습니다
남보다 한 박자 늦더라도
마음에 여백을 두며 살아가야겠습니다

급한 마음에 상처를 주고 고통을 주어
잃어버리는 것들이 있습니다
걱정만 잔뜩 부풀어 오르게 하거나
더 큰 고통으로 만들지는 말아야 합니다

부드러운 마음으로 사랑하며
다른 사람의 마음을 있는 그대로 바라보아야 합니다
초조해지고 불쾌해지는 것은
서두름 속에 나타나는 마음의 현상입니다

실패를 돌아보고 쓸쓸한 기억에 못 박히기보다는
이루어진 것들을 바라보며 기뻐하기를 원합니다

삶에 즐거움이 없으면 의욕이 상실되기에
얻을 수 있는 것도 줄어듭니다
삶을 의무적으로 살아가기보다는
의미 있게 살아야 합니다

시간적인 여유가 있으면
즐거움을 체험할 수 있습니다
각박한 세상에서도 차가움보다는
따뜻한 모습을 만날 수 있습니다

게으름을 피우지 않게 하소서

해가 중천에 떠서
나를 바라보며 웃을 때까지
침상에서 일어나기 싫어하는
게으른 자가 되지 않게 하소서

게으름을 극복하는 습관이 몸에 배게 하시고
스스로 깨어날 수 있는 능력을 갖게 하소서
잠자리에 미련을 떠는 나쁜 습관을 버리게 하시고
부지런함 속에서 삶을 살아가게 하소서

아침 일찍 자리에서 일어나
주님께 기도하며 하루를 준비하게 하시고
늘 한 발자국씩 남보다 먼저 나가며
현실을 제대로 읽어내게 하소서

늘 쫓기듯 서두르다가 제대로 일을 하지 못하고
상황에 따라 이리저리 휩쓸려 다니며

주변 사람들을 걱정시키거나
남에게 불편을 끼치지 않게 하소서

새로운 하루를 맞이할 때 부지런히 행동함으로
날마다 삶에 보람과 기쁨을 느끼며 살게 하소서

게으름이
빠져나오기 어려운 함정이 되지 않게 하소서
게으름의 벽을 깨고 나와
새롭게 살아가게 하소서
어떤 환경에도 잘 적응하게 하시고
희망찬 미래를 위해
마음을 다 쏟으며 살게 하소서

가정이 화목하게 하소서

오, 주님!
우리의 가정이 화목하게 하소서
가정에는 사랑이 충만해야 하오니
주님의 인도하심 속에 온 가족이 서로를 신뢰하며
끊임없는 노력을 통해 행복을 만들어가게 하소서

자기가 하고 싶은 일에만 지나치게 집착하여
다른 가족에게 무관심으로 상처를 주지 않게 하시고
배려하는 마음속에 넉넉한 나눔이 있게 하소서

사랑의 울타리는
혼자의 힘만으로는 만들 수 없으니
온 가족이 한마음 한뜻으로 만들어가게 하소서
함께 있을 때에는 즐거움이 넘치게 하시고
떨어져 있을 때에는 그리움이 넘치게 하소서
가족들의 마음을 여유롭게 하시고
유머와 재치를 허락해주셔서

화목한 가정을 만들어가게 하소서

우리에게 가정만큼 소중한 보금자리가 없사오니
늘 행복을 느끼고 나누며 살게 하소서
모든 것이 제자리를 찾게 해주시고
서로의 부족함을 도와가며 채워주게 하소서

항상 가족들의 마음이
주님을 향해 열려 있게 하시고
믿음과 소망과 사랑 속에 살게 하소서
물질보다 가족을 더 소중히 여기게 하시고
세상보다 주님을 더 먼저 사랑하게 하소서
가족들이 소망하고 갈구하는
행복의 그림을 잘 그려가게 하시고
가족들 한 사람 한 사람마다
맡은 일에 최선을 다하게 하소서

가족들이 서로를 위해 기도하게 하시고
물질을 나누는 것을 아까워하지 않게 하소서
늘 넘치는 사랑으로 서로를 격려하고 위로하고 감싸주며
주님이 원하시는 가정의 모습을 만들어가게 하소서

우리의 마음에 주님을

오, 주님!
우리 주변에는 늘 시린 목숨의 깊이만큼
사랑하고픈 사람들이 많이 있습니다
삶을 구경하듯 늘 서성거리는 사람들도 많지만
우리를 인도해주시는 주님은
주님의 역사 속에 우리를 사역자로 삼아주셨습니다
하늘이 밝으면 밝아서, 어두우면 어두워서
상처받는 사람들이 있습니다
남들은 잘도 살아가는데 남들은 잘도 사랑하는데
늘 부러진 꽃나무처럼
꽃 한 번 제대로 피우지 못하는 사람도 있습니다
내 마음이 주님을 만나는 장소가 되기를 원합니다
주님이 우리의 마음속에 주신 확신을 갖고
삶을 개간하고 꽃 피우며 열매 맺기를 원합니다
늘 처진 어깨로 휘청거리며
눈물만 번져오는 슬픈 삶을 살아가는 사람도 있습니다
우리는 믿음으로

영원한 생명력을 갖추어 자라기를 원합니다
주님을 우리 마음에 품기를 원합니다
남의 그림자만 쫓아다니며 허덕거리고
남의 흉내만 내다 지쳐버리는 사람도 있습니다
우리는 육신의 욕심에만 갇혀 있지 않고
거듭난 삶을 살아 진리의 자유를 누리기를 원합니다
내적인 삶이 충만해지기를 원합니다
예수그리스도만을 섬기는 마음이 되기를 원합니다

오, 주님!
하고 싶은 일을 다 하고 살아도 짧은 삶인데
남의 들러리만 서는 사람은
하루가 길다며 푸념과 한숨을 내뱉습니다
우리의 모든 것을 다 드러내어
죄와 어둠에서 벗어나 진정한 삶을 살기를 원합니다
상처받은 마음을 치유해주시는
주님의 놀라운 사랑 속으로 빠져 들기를 원합니다

주님의 제한되지 않은 영원한 사랑을 받기를 원합니다
주님을 향한 갈망이 날마다 더해가기를 원합니다
우리의 마음에 주님을 영원히 모시기를 원합니다

상처받은 사람을 위한 기도

개정판 1쇄 2008년 7월 14일
지은이 용혜원
펴낸이 김영재
펴낸곳 책만드는집

주소 서울 마포구 합정동 428-49번지 4층 (121-886)
전화 3142-1585·6
팩스 336-8908
전자우편 chaekjip@chol.com
출판등록 1994년 1월 13일 제10-927호
ⓒ 용혜원, 2008

지은이와의 협약에 의해 인지를 따로 붙이지 않습니다.
잘못된 책은 구입하신 서점에서 바꾸어드립니다.

ISBN 978-89-7944-282-3 (04230)
ISBN 978-89-7944-279-3 (전3권)

이 도서의 국립중앙도서관 출판시도서목록(CIP)은 e-CIP
홈페이지(http : ///www.nl.go.kr/cip.php)에서 이용하실 수 있습니다.
(CIP제어번호 : CIP2008000894)